大方廣佛華嚴經 寫經

55

✿ 일러두기

1. 『사경본 한글역 대방광불화엄경』은 『독송본 한문·한글역 대방광불화엄경』에 수록된 한글역을 사경하는 데 편의를 도모하기 위해 편집을 달리하여 간행한 것이다.

2. 『독송본 한문·한글역 대방광불화엄경』은 실차난타가 한역(695~699)한 80권 『대방광불화엄경』의 한문 원문과 한글역을 함께 수록한 것이다. 한문 저본은 고종 2년(1865) 월정사에서 인경한 고려대장경 『대방광불화엄경』이다.

3. 한글 번역은 동국역경원에서 발간한 한글 『대방광불화엄경』(운허)을 중심으로 하고 『신화엄경합론』(탄허)과 『대방광불화엄경 강설』(여천무비) 그리고 최근의 여타 번역본 등을 참조하였다.

4. 한글 번역은 독송과 사경을 위하여 정확성과 아울러 가독성을 고려하였다. 극존칭은 부처님과 불경계에 대해서만 사용하였다.

5. 사경본의 차례는 일러두기 → 한글역 본문 → 화엄경 목차 → 간행사이며 80권 『대방광불화엄경』의 권별 목차 순으로 독송본과 함께 간행한다. (법공양판에는 간행사 다음에 간행불사 동참자를 밝혀두었다.)

사경본 한글역

대방광불화엄경 제55권

38. 이세간품 [3]

수미해주

大方廣佛華嚴經第五十五卷變相 周

대방광불화엄경 제55권 변상도

대방광불화엄경

제55권

38. 이세간품 [3]

_____ 은(는) 『대방광불화엄경』을

사경하는 인연공덕으로

『화엄경』이 널리 유통되고

우리 모두 다함께 보리 이루기를 발원하옵니다.

대방광불화엄경
제55권

38. 이세간품 [3]

"불자들이여, 보살마하살이 열 가지 하열하지 않은 마음이 있다.

무엇이 열인가?

불자들이여, 보살마하살이 이와 같은 생각을 한다. '내가 마땅히 일체 천마와 그 권속들을 항복 받으리라.' 이것이 첫째 하열하지 않은 마음이다.

또 이 생각을 한다. '내가 마땅히 일체 외도와 그 삿된 법을 모두 깨뜨리리라.' 이것이 둘째 하열하지 않은 마음이다.

또 이 생각을 한다. '내가 마땅히 일체 중생을 좋은 말로 깨우쳐서 다 환희하게 하리라.' 이것이 셋째 하열하지 않은 마음이다.

또 이 생각을 한다. '내가 마땅히 온 법계에 일체 바라밀행을 원만히 이루리라.' 이것이 넷째 하열하지 않은 마음이다.

또 이 생각을 한다. '내가 마땅히 일체 복덕의 창고를 쌓아 모으리라.' 이것이 다섯째 하열하지 않은 마음이다.

또 이 생각을 한다. '위없는 보리의 넓고 커서 이루기 어려움을 내가 마땅히 수행하여 모두 원만케 하리라.' 이것이 여섯째 하열하지 않은 마음이다.

또 이 생각을 한다. '내가 마땅히

위없는 교화와 위없는 조복으로 일
체 중생을 교화하고 조복하리라.'
이것이 일곱째 하열하지 않은 마음
이다.

또 이 생각을 한다. '일체 세계가
갖가지로 같지 않음에 내가 마땅히
한량없는 몸으로 평등하고 바른 깨
달음을 이루리라.' 이것이 여덟째 하
열하지 않은 마음이다.

또 이 생각을 한다. '내가 보살행
을 닦을 때에 만약 어떤 중생이 와서
나에게 손과 발과 귀와 코와 피와 근

육과 뼈와 골수와 처자와 코끼리와 말과 내지 왕위를 구걸하더라도, 이와 같은 일체를 모두 다 능히 버려서 한 생각도 근심하거나 후회하는 마음을 내지 않는다. 다만 일체 중생을 이익하게 할 뿐 과보를 구하지 아니하고, 대비로 으뜸을 삼으며, 대자로 끝까지 이르리라.' 이것이 아홉째 하열하지 않은 마음이다.

또 이 생각을 한다. '삼세에 있는 바 일체 모든 부처님과 일체 부처님 법과 일체 중생과 일체 국토와 일체 세간과 일체 삼세와 일체 허공계와 일체 법계와 일체 말로 시설하는 경계와 일체 고요한 열반계의, 이와 같은 일체 갖가지 모든 법을 내가 마땅히 한 생각과 서로 응하는 지혜로써 모두 알고 모두 깨달으며 모두 보고 모두 증득하며 모두 닦고 모두 끊으리라.

그러나 그 가운데 분별이 없으며, 분별을 여의며, 갖가지가 없으며, 차별이 없으며, 공덕이 없으며, 경계가 없어서, 있는 것도 아니고 없는 것도 아니며 하나도 아니고 둘도 아니다.

둘이 아닌 지혜로 일체 둘을 알며, 모양이 없는 지혜로 일체 모양을 알며, 분별이 없는 지혜로 일체 분별을 알며, 다름이 없는 지혜로 일체 다름을 알며, 차별이 없는 지혜로 일체 차별을 알며, 세간이 없는 지혜로 일체 세간을 안다.

세상이 없는 지혜로 일체 세상을 알며, 중생이 없는 지혜로 일체 중생을 알며, 집착이 없는 지혜로 일체 집착을 알며, 머무르는 곳이 없는 지혜로 일체 머무르는 곳을 알며, 섞이어 물듦이 없는 지혜로 일체 섞이어 물듦을 알며, 다함이 없는 지혜로 일체 다함을 안다.

구경의 법계 지혜로 일체 세계에 몸을 나타내 보이며, 말을 여읜 지혜로 말할 수 없는 말을 보이며, 하나인 자성의 지혜로 자성이 없음에 들어간다.

한 경계의 지혜로 갖가지 경계를 나타내며, 일체 법이 말할 수 없음을 알지만 크게 자재한 말을 나타내며, 일체지의 지위를 증득하여 일체 중

생을 교화하고 조복하기 위한 까닭으로 일체 세간에서 큰 신통 변화를 나타낸다.'

이것이 열째 하열하지 않은 마음이다.

불자들이여, 이것이 보살마하살의 열 가지 하열하지 않은 마음을 내는 것이다. 만약 모든 보살들이 이 마음에 편안히 머무르면 곧 일체 최상의 하열하지 않은 부처님 법을 얻는다.

불자들이여, 보살마하살이 아뇩다

라삼먁삼보리에 열 가지 산처럼 불어나는 마음이 있다.

무엇이 열인가?

불자들이여, 보살마하살이 항상 뜻을 내어 일체 지혜의 법을 부지런히 닦는다. 이것이 첫째 산처럼 불어나는 마음이다.

항상 일체 법의 본래 성품이 공하여 얻을 것이 없음을 관찰한다. 이것이 둘째 산처럼 불어나는 마음이다.

한량없는 겁에 보살행을 행하여 일체 희고 깨끗한 법을 닦아서 일체 희고 깨끗한 법에 머무르는 까닭으로 여래의 한량없는 지혜를 알고 보기를 원한다. 이것이 셋째 산처럼 불어나는 마음이다.

일체 부처님의 법을 구하기 위한 까닭으로 평등한 마음으로 모든 선지식을 공경히 받든다. 다른 것은 바라고 구함이 없으며, 법을 훔치는 마음이 없으며, 오직 존중하고 일찍이 있지 아니한 뜻을 내어 일체 있는 바를 모두 다 능히 버린다. 이것이 넷째 산처럼 불어나는 마음이다.

만약 어떤 중생이 꾸짖고 욕하고 훼방하며 방망이로 때리고 살을 베어 그 몸을 괴롭히며 내지 목숨을 끊더라도 이와 같은 등의 일을 모두 다 능히 받아들이니, 마침내 이것을 인하여 흔들리는 마음을 내거나 성내어 해치려는 마음을 내지 아니한다.

또한 대비와 큰 서원에서 물러나 버리지도 아니하며, 다시 더 불어나게 하고 휴식함이 없다.

왜냐하면 보살이 일체 법에서 사실대로 벗어나 여읨을 성취하는 까닭이며, 일체 모든 여래의 법을 증득하여 인욕하고 부드러워서 이미 자재한 까닭이다.

이것이 다섯째 산처럼 불어나는 마음이다.

보살마하살이 불어나는 큰 공덕을 성취한다. 이른바 천신의 불어나는 공덕과, 인간의 불어나는 공덕과, 물질의 불어나는 공덕과, 힘의 불어나는 공덕과, 권속의 불어나는 공덕과, 욕망의 불어나는 공덕과, 왕위의 불어나는 공덕과, 자재함의 불어나는 공덕과, 복덕의 불어나는 공덕과, 지혜의 불어나는 공덕이다.

비록 다시 이와 같은 공덕을 성취하지만 마침내 이것에 물들어 집착함을 내지 않는다. 이른바 맛에 집착하지 않으며, 욕망에 집착하지 않으며, 재물과 부유함에 집착하지 않으며, 권속에 집착하지 않는다.

다만 깊이 법을 즐겨하여 법을 따라가며, 법을 따라 머무르며, 법을 따라 나아가며, 법을 따라 끝까지 이르며, 법으로써 의지를 삼으며, 법으로써 구제함을 삼으며, 법으로써 귀의처를 삼으며, 법으로써 집을 삼으며, 법을 수호하며, 법을 즐겨하며, 법을 바라고 구하며, 법을 사유한다.

불자들이여, 보살마하살이 비록 다시 갖가지 법의 즐거움을 갖추어 받더라도 항상 온갖 마의 경계를 멀리 여읜다.

무슨 까닭인가? 보살마하살이 과거세에 이와 같은 마음을 내되 '내가 마땅히 일체 중생으로 하여금 모두 다 온갖 마의 경계를 영원히 여의고 부처님의 경계에 머무르게 하리라.'고 한 까닭이다.

이것이 여섯째 산처럼 불어나는 마음이다.

보살마하살이 아뇩다라삼먁삼보리를 구하기 위하여 이미 한량없는 아승지 겁에 보살도를 행하여 부지런히 정진하고 게으르지 아니하였다.

오히려 이르기를 '내가 이제 처음으로 아뇩다라삼먁삼보리의 마음을 내어 보살행을 행한다.'라고 하면서 또한 놀라지도 않고 또한 두려워하지도 않고 또한 무서워하지도 않으며, 비록 능히 한 생각에 곧 아뇩다라삼먁삼보리를 이루었지만, 그러나 중생들을 위하는 까닭으로 한량없는 겁에 보살행을 행하여 휴식함이 없다.

이것이 일곱째 산처럼 불어나는 마음이다.

보살마하살이 일체 중생의 성품이 온화하고 착하지 못하여 조복하기 어렵고 제도하기 어려우며, 능히 은

혜를 알지 못하며, 능히 은혜를 갚지
못함을 안다.

그러므로 그들을 위하여 큰 서원
을 내어 '모두 마음 뜻이 자재함을
얻으며, 행하는 바가 걸림이 없으며,
나쁜 생각을 버리어 여의며, 다른 곳
에 모든 번뇌를 내지 않게 하리라.'
고 한다.

이것이 여덟째 산처럼 불어나는 마
음이다.

보살마하살이 다시 이 생각을 하
되 '다른 이가 나로 하여금 보리심

을 내게 하는 것도 아니며, 또한 다른 사람이 나의 수행을 돕기를 기다리지도 않는다. 내가 스스로 마음을 내어 모든 부처님의 법을 모으며, 스스로 힘써서 미래겁이 다하도록 보살도를 행하여 아뇩다라삼먁삼보리를 이룰 것을 맹세코 기약한다.

그러므로 내가 이제 보살행을 닦아서 마땅히 스스로의 마음을 깨끗이 하고 또한 다른 이의 마음도 깨끗이 하며, 마땅히 스스로의 경계를 알고 또한 다른 이의 경계도 알며, 내가 마땅히 모두 삼세 모든 부처님과 더불어 경계가 평등하리라.'고 한다.

이것이 아홉째 산처럼 불어나는 마음이다.

보살마하살이 이와 같이 관하기를 '한 법도 보살행을 닦을 것이 없으며, 한 법도 보살행을 만족할 것이 없으며, 한 법도 일체 중생을 교화하고 조복할 것이 없으며, 한 법도 일체 모든 부처님께 공양올리고 공경할 것이 없으며, 한 법도 아뇩다라삼먁삼보리를 이미 이루었고 지금 이루고 장차 이룰 것이 없으며, 한 법도 이미 말하였고 지금 말하고 장차 말할 것이 없으며, 말하는 자와 법을 함께 얻을 수 없지만, 또한 아뇩다라삼먁삼보리의 원을 버리지도 아니하리라.'고 한다.

무슨 까닭인가? 보살이 일체 법을 구함에 다 얻을 바가 없지만, 이와 같이 아뇩다라삼먁삼보리를 낸다. 그러므로 법을 비록 얻을 바가 없으나, 부지런히 닦아 익혀서 착한 업을 더 늘어나게 하며, 청정하게 대치하여 지혜가 원만하며, 생각생각마다 증장하여 일체를 구족한다.

그 마음이 이것에 놀라지도 않고 두려워하지도 않으며, '만약 일체 법이 모두 다 적멸하다면 내가 무슨 뜻이 있어 위없는 보리의 도를 구하겠는가?'라는 이런 생각도 하지 않는다.

이것이 열째 산처럼 불어나는 마음이다.

불자들이여, 이것이 보살마하살이 아뇩다라삼먁삼보리에 열 가지 산처럼 불어나는 마음이다. 만약 모든 보살들이 그 가운데 편안히 머무르면 곧 여래의 위없는 큰 지혜의 산왕과 같은 불어나는 마음을 얻는다.

불자들이여, 보살마하살이 열 가지 아뇩다라삼먁삼보리에 들어가는 바다 같은 지혜가 있다.

무엇이 열인가?

이른바 일체 한량없는 중생계에 들어간다. 이것이 첫째 바다 같은 지혜이다.

일체 세계에 들어가되 분별을 일으
키지 않는다. 이것이 둘째 바다 같은
지혜이다.

일체 허공계가 한량없고 걸림 없음
을 알고 시방의 일체 차별한 세계 그
물에 널리 들어간다. 이것이 셋째 바
다 같은 지혜이다.

보살마하살이 법계에 잘 들어간
다. 이른바 걸림 없이 들어감과, 끊
이지 않게 들어감과, 항상하지 않
게 들어감과, 한량없이 들어감과, 남
이 없이 들어감과, 멸함이 없이 들어

감과, 일체 들어감을 모두 밝게 아는 까닭이다. 이것이 넷째 바다 같은 지혜이다.

보살마하살이 과거와 미래와 현재의 모든 부처님과 보살과 법사와 성문과 독각과 그리고 일체 범부가 모은 바 선근에 이미 모았고 지금 모으고 장차 모을 것과, 삼세 모든 부처님께서 아뇩다라삼먁삼보리에 이미 이루었고 지금 이루고 장차 이루실 있는 바 선근과, 삼세 모든 부처님께서 법을 설하여 일체 중생을 조복함에 이미 설하였고 지금 설하고 장차 설하실 있는 바 선근을, 그 일체에 모두 다 밝게 알아서 깊이 믿고 따라 기뻐하며 원하고 즐거워하고 닦아 익혀서 만족해 싫어함이 없다. 이것이 다섯째 바다 같은 지혜이다.

보살마하살이 생각생각 동안 과거세의 말할 수 없는 겁에 들어가서 한 겁 가운데 혹은 백억 부처님께서 세상에 출현하심과, 혹은 천억 부처님께서 세상에 출현하심과, 혹은 백천억 부처님께서 세상에 출현하심과,

혹은 수없고 혹은 한량없고 혹은 가없고 혹은 같음이 없고 혹은 셀 수 없고 혹은 일컬을 수 없고 혹은 생각할 수 없고 혹은 헤아릴 수 없고 혹은 말할 수 없고 혹은 말할 수 없이 말할 수 없는 산수를 초과한 모든 부처님 세존께서 세상에 출현하심과, 그리고 저 모든 부처님의 도량에 모인 대중인 성문과 보살들이 법을 설하여 일체 중생을 조복함과, 수명이 길고 짧음과, 법의 머무름이 오래고 가까움인, 이와 같은 일체를 모두 다

분명하게 본다. 한 겁에서와 같이 일체 모든 겁에서도 다 또한 그러하다.

그 부처님 안 계시는 겁에 있는 중생들이 아뇩다라삼먁삼보리에 모든 선근을 심음이 있는 것도 또한 모두 밝게 알며, 만약 어떤 중생이 선근이 성숙하면 미래세에 마땅히 부처님을 친견하게 됨도 또한 모두 밝게 안다. 이와 같이 과거세의 말할 수 없이 말할 수 없는 겁을 관찰하되 마음에 만족해 싫어함이 없다.

이것이 여섯째 바다 같은 지혜이

다.

　보살마하살이 미래세에 들어가서 일체 모든 겁이 한량없고 가없음을 관찰하고 분별하여 어느 겁에 부처님께서 계시고 어느 겁에 부처님께서 안 계시며, 어느 겁에 몇 분의 여래께서 세상에 출현하시며, 낱낱 여래의 명호는 무엇이며, 어느 세계에 머무르시며, 세계의 이름은 무엇이며, 얼마의 중생들을 제도하시며, 수명은 얼마인지를 안다.

　이와 같이 관찰하여 미래제를 다

하도록 모두 다 밝게 알아서 끝까지 다하지 않되 만족해 싫어함이 없다.

이것이 일곱째 바다 같은 지혜이다.

보살마하살이 현재세에 들어가서 관찰하고 사유하여 생각생각 동안 널리 본다. 시방의 가없는 품류들의 말할 수 없는 세계에 다 모든 부처님께서 계시어 위없는 보리를 이미 이루었고 지금 이루고 장차 이루시며, 도량에 나아가 보리수 아래에서 길상초를 깔고 앉아 마군을 항복 받고 아뇩다라삼먁삼보리를 이루시고, 여기에서 일어나서는 성읍에 들어가고 하늘 궁전에도 올라가서 미묘한 법을 설하여 큰 법륜을 굴리며, 신통을 나타내 보여 중생들을 조복하시며, 내지 아뇩다라삼먁삼보리의 법을 부촉하고는 수명을 버리고 열반에 드시었다.

열반에 드심에 법장을 결집하여 오래도록 세상에 머무르게 하고, 불탑을 장엄하여 갖가지로 공양올린다.

또 그 세계에 있는 중생들이 부처

님을 만나 법을 들어서 받아 지니고 읽고 외우며 기억하고 사유하여 지혜와 지해가 늘어남을 본다.

이와 같이 관찰함이 시방에 널리 두루하되 부처님 법에 그릇됨이 없다. 왜냐하면 보살마하살은 모든 부처님께서 모두 다 꿈과 같으심을 밝게 알지만, 능히 일체 부처님의 처소에 나아가 공경히 공양올리기 때문이다.

보살이 이때에 자신에게 집착하지 않고, 모든 부처님께 집착하지 않고, 세계에 집착하지 않고, 대중모임에 집착하지 않고, 법을 설함에 집착하지 않고, 겁의 수효에 집착하지 않는다. 그러나 부처님을 친견하고, 법을 듣고, 세계를 관찰하고, 모든 겁의 수효에 들어가되 만족해 싫어함이 없다.

이것이 여덟째 바다 같은 지혜이다.

보살마하살이 말할 수 없이 말할 수 없는 겁의 낱낱 겁 중에 말할 수 없이 말할 수 없는 한량없는 모든 부처님께 공양올리고 공경한다.

자기의 몸이 여기에서 죽어 저기에서 태어남을 나타내 보여 삼계를 초과하는 일체 공양거리로 공양올리고, 아울러 보살과 성문과 일체 대중에게 공양하며, 낱낱 여래께서 열반에 드신 뒤에는 다 위없는 공양거리로 사리에 공양올린다. 그리고 보시를 널리 행하여 중생들을 만족케 한다.

불자들이여, 보살마하살이 불가사의한 마음과, 과보를 구하지 않는 마

음과, 끝까지 이르는 마음과, 요익하
는 마음으로, 말할 수 없이 말할 수
없는 겁에 아뇩다라삼먁삼보리를 위
한 까닭으로 모든 부처님께 공양올
리고 중생을 요익케 하고 바른 법을
보호해 지니어 열어 보이며 연설한
다.

이것이 아홉째 바다 같은 지혜이
다.

보살마하살이 일체 부처님 처소와
일체 보살의 처소와 일체 법사의 처
소에서 한결같이 보살이 설하는 바

법과, 보살이 배우는 바 법과, 보살이 가르치는 바 법과, 보살이 수행하는 법과, 보살의 청정한 법과, 보살의 성숙한 법과, 보살의 조복하는 법과, 보살의 평등한 법과, 보살의 벗어나는 법과, 보살의 모두 지니는 법을 오로지 구한다.

이 법을 얻고는 받아 지니고 읽고 외우고 분별하여 연설하되 만족해 싫어함이 없어서 한량없는 중생들로 하여금 부처님 법 가운데 일체 지혜와 서로 응하는 마음을 내어 진실한

모양에 들어가서 아뇩다라삼먁삼보
리에서 물러나지 않게 한다.

보살이 이와 같이 말할 수 없이 말
할 수 없는 겁 동안 만족해 싫어함이
없다.

이것이 열째 바다 같은 지혜이다.

불자들이여, 이것이 보살마하살의
열 가지 아뇩다라삼먁삼보리에 들
어가는 바다 같은 지혜이다. 만약 모
든 보살들이 이 법에 편안히 머무르
면 곧 일체 모든 부처님의 위없는 큰
지혜바다를 얻는다.

불자들이여, 보살마하살이 아뇩다
라삼먁삼보리에 열 가지 보배처럼
머무름이 있다.

무엇이 열인가?

불자들이여, 보살마하살이 모두
능히 수없는 세계의 모든 여래의 처
소에 나아가서 우러러보고 정례하고
받들어 섬기고 공양올린다. 이것이
첫째 보배처럼 머무름이다.

부사의한 모든 여래의 처소에서 바
른 법을 듣고 받아 지니고 기억하여
잊어버리지 않게 하며, 분별하고 사

유하여 깨달음의 지혜가 늘어나며, 이와 같이 짓는 바가 시방에 가득하다. 이것이 둘째 보배처럼 머무름이다.

이 세계에서 죽어 다른 곳에 태어남을 나타내되 부처님의 법에 미혹한 바가 없다. 이것이 셋째 보배처럼 머무름이다.

한 법으로부터 일체 법이 나옴을 알아서 능히 각각 분별하여 연설하니, 일체 법의 갖가지 뜻이 구경에는 모두 하나의 뜻인 까닭이다. 이것이 넷째 보배처럼 머무름이다.

번뇌를 싫어하여 여읠 줄 알며, 번뇌를 쉬어 그칠 줄 알며, 번뇌를 막아 보호할 줄 알며, 번뇌를 끊어 없앨 줄 알며, 보살행을 닦아 진실한 경계를 증득하지 않지만 구경에 진실한 경계인 피안에 이르며, 교묘한 방편으로 배울 것을 잘 배우며, 지난 옛적의 원과 행으로 하여금 다 원만히 이루게 하되 몸이 피로하거나 게으르지 않다. 이것이 다섯째 보배처럼 머무름이다.

일체 중생의 마음이 분별하는 바는 모두 처소가 없음을 알지만 또한 갖가지 방위와 처소가 있음을 말하며, 비록 분별이 없고 조작하는 바가 없지만 일체 중생을 조복하고자 하여 수행함도 있고 짓는 바도 있다. 이것이 여섯째 보배처럼 머무름이다.

일체 법이 다 동일한 성품임을 안다. 이른바 성품이 없으며, 갖가지 성품이 없으며, 한량없는 성품이 없으며, 셀 만한 성품이 없으며, 헤아릴 만한 성품이 없으며, 물질도 없고 모양도 없으며, 혹 하나와 혹 많음을 다 얻을 수 없다.

그러나 이것은 모든 부처님의 법이며, 이것은 보살의 법이며, 이것은 독각의 법이며, 이것은 성문의 법이며, 이것은 범부의 법이며, 이것은 착한 법이며, 이것은 착하지 않은 법이며, 이것은 세간법이며, 이것은 출세간법이며, 이것은 잘못된 법이며, 이것은 잘못됨이 없는 법이며, 이것은 샘이 있는 법이며, 이것은 샘이 없는 법이며, 내지 이것은 함이 있는 법이며, 이것은 함이 없는 법임을 결정코 밝게 안다.

이것이 일곱째 보배처럼 머무름이다.

보살마하살이 부처님을 구하여도 얻을 수 없으며, 보살을 구하여도 얻을 수 없으며, 법을 구하여도 얻을 수 없으며, 중생을 구하여도 얻을 수 없으나, 또한 중생을 조복하여 모든 법에서 바른 깨달음을 이루게 하려는 서원을 버리지 않는다.

무슨 까닭인가? 보살마하살이 교

묘하게 관찰하여 일체 중생의 분별을 알며, 일체 중생의 경계를 알며, 방편으로 교화하고 인도하여 열반을 얻게 하며, 중생을 교화하려는 원을 만족하기 위하여 치성하게 보살행을 수행하는 까닭이다.

이것이 여덟째 보배처럼 머무름이다.

보살마하살이 교묘하게 법을 설하며 열반을 나타내 보이어 중생을 제도하기 위하여 있는 바 방편은 일체가 다 마음 생각으로 건립되는 것이

어서 뒤바뀜도 아니고 헛되이 속임도
아님을 안다.

무슨 까닭인가? 보살은 일체 모든
법이 삼세에 평등하고 여여하여 움
직이지 않으며 진실한 경계라, 머무
름이 없어서 한 중생도 이미 교화를
받았거나 지금 교화를 받거나 장차
교화를 받을 것을 보지 못함을 밝게
안다.

또한 스스로 닦아 행할 것도 없고
조그만 법도 나고 멸함을 얻을 것 없
음을 밝게 알지만, 일체 법을 의지하

여 원하는 것이 헛되지 않게 한다.

이것이 아홉째 보배처럼 머무름이다.

보살마하살이 부사의하고 한량없는 모든 부처님의 낱낱 부처님 처소에서 말할 수 없이 말할 수 없는 수기하시는 법의 이름이 각각 다름과 겁의 수효도 같지 않음을 듣되, 한 겁으로부터 내지 말할 수 없이 말할 수 없는 겁에 항상 이와 같이 들으며, 듣고는 닦아 행하여 놀라지 않고 두려워하지 않으며 헤매지 않고 의

혹하지 않는다.

여래지가 부사의함을 아는 까닭이며, 여래께서 수기하시는 말씀이 둘이 없는 까닭이며, 자신의 행과 원의 수승한 힘인 까닭이며, 마땅함을 따라 교화를 받아 아뇩다라삼먁삼보리를 이루게 하여 법계와 같은 일체 원을 원만하게 하는 까닭이다.

이것이 열째 보배처럼 머무름이다.

불자들이여, 이것이 보살마하살이 아뇩다라삼먁삼보리에 열 가지 보배처럼 머무름이다. 만약 모든 보살

들이 이 법에 편안히 머무르면 곧 모
든 부처님의 위없는 큰 지혜의 보배
를 얻는다.

　불자들이여, 보살마하살이 열 가
지 금강 같은 대승의 서원하는 마음
을 낸다.
　무엇이 열인가?
　불자들이여, 보살마하살이 이와
같은 생각을 하기를 '일체 모든 법
이 끝이 없어서 끝까지 다할 수 없으
니, 내가 마땅히 삼세를 다하는 지혜

로 널리 다 깨달아 남음이 없게 하리
라.'고 한다. 이것이 첫째 금강 같은
대승의 서원하는 마음이다.

보살마하살이 또 이 생각을 하기
를 '한 털끝만한 곳에도 한량없고
가없는 중생들이 있는데, 어찌 하물
며 일체 법계이겠는가?

내가 마땅히 다 위없는 열반으로
그들을 멸도하리라.'고 한다. 이것이
둘째 금강 같은 대승의 서원하는 마
음이다.

보살마하살이 또 이 생각을 하기

를 '시방 세계가 한량없고 가없으며 제한이 없어서 끝까지 다할 수 없으니, 내가 마땅히 모든 불국토의 최상의 장엄으로 이와 같은 일체 세계를 장엄하되 있는 바 장엄이 모두 다 진실하리라.'고 한다. 이것이 셋째 금강 같은 대승의 서원하는 마음이다.

보살마하살이 또 이 생각을 하기를 '일체 중생이 한량없고 가없으며 제한이 없어서 끝까지 다할 수 없으니, 내가 마땅히 일체 선근으로 그들에게 회향하여 위없는 지혜 광명으로 그들을 밝게 비추리라.'고 한다. 이것이 넷째 금강 같은 대승의 서원하는 마음이다.

보살마하살이 또 이 생각을 하기를 '일체 모든 부처님께서 한량없고 가없으며 제한이 없어서 끝까지 다 할 수 없으니, 내가 마땅히 심은 바 선근으로 회향하여 공양올리되, 모두 두루하여 모자라는 바가 없게 한 뒤에 내가 마땅히 아뇩다라삼먁삼보리를 이루리라.'고 한다. 이것이 다섯째 금강 같은 대승의 서원하는 마음이다.

불자들이여, 보살마하살이 일체 부처님을 친견하여 설하시는 바 법을 듣고 크게 환희함을 내되, 자기 몸에도 집착하지 않고 부처님 몸에도 집착하지 않는다.

여래의 몸이 실다운 것도 아니고 헛된 것도 아니며, 있는 것도 아니고 없는 것도 아니며, 성품도 아니고 성품 없는 것도 아니며, 물질도 아니고 물질 없는 것도 아니며, 모양도 아니고 모양 없는 것도 아니며, 남도 아니고 멸함도 아니어서, 실로 있는 바가 없음을 알지만 또한 있는 것을 파괴하지도 않는다.

왜냐하면 일체 성품과 모양으로써 취착할 수 없는 까닭이다.

이것이 여섯째 금강 같은 대승의 서원하는 마음이다.

불자들이여, 보살마하살이 혹 어떤 중생이 꾸짖고 욕하고 헐뜯고 때리고 매질하고, 혹은 손과 발을 자르고, 혹은 귀와 코를 베고, 혹은 그 눈을 뽑고, 혹은 그 머리를 베더라도, 이와 같은 일체를 다 능히 참고 받아들여서 마침내 이것으로 인하여 성내어 해치려는 마음을 내지 아니한다.

말할 수 없이 말할 수 없는 다함없는 수효의 겁 동안 보살행을 닦아서 중생들을 거두어 주고 늘 버리지 않는다.

왜냐하면 보살마하살이 이미 일체 모든 법이 두 모양이 없음을 잘 관찰하고 마음이 흔들리거나 어지럽지 아니하니, 제 몸을 능히 버리고 그

고통을 참는 까닭이다.

이것이 일곱째 금강 같은 대승의 서원하는 마음이다.

불자들이여, 보살마하살이 또 이 생각을 하기를 '미래세의 겁이 한량없고 가없고 제한이 없어서 끝까지 다할 수 없지만, 내가 마땅히 저 겁이 다하도록 한 세계에서 보살도를 행하여 중생을 교화하며, 한 세계에서와 같이 온 법계 허공계의 일체 세계에서도 모두 또한 이와 같이 하되 마음이 놀라지도 않고 두려워하지도 않고 무서워하지도 않으리라. 왜 나하면 보살도는 법이 마땅히 이와 같이 일체 중생을 위하여 수행하는 까닭이다.'라고 한다. 이것이 여덟째 금강 같은 대승의 서원하는 마음이 다.

불자들이여, 보살마하살이 또 이 생각을 하기를 '아뇩다라삼먁삼보리는 마음으로 근본을 삼으니, 마음이 만약 청정하면 곧 능히 일체 선근을 원만하게 하여 부처님의 보리에 반드시 자재하게 된다.

아뇩다라삼먁삼보리를 이루려고 하면 뜻을 따라 곧 이루며, 만약 일체 취착하는 연을 끊어 없애고 한결 같은 도에 머물려고 하면 나 또한 얻을 수 있지만, 내가 끊지 아니함은 부처님의 보리에 끝까지 이르려고 하는 까닭이다.

또한 위없는 보리를 곧바로 증득하지도 않으리니, 왜냐하면 본래의 원을 만족하기 위하여 일체 세계를 다 하도록 보살행을 행하여 중생을 교화하려는 까닭이다.'라고 한다.

이것이 아홉째 금강 같은 대승의 서원하는 마음이다.

불자들이여, 보살마하살이 부처님을 얻을 수 없으며, 보리를 얻을 수 없으며, 보살을 얻을 수 없으며, 일체법을 얻을 수 없으며, 중생을 얻을 수 없으며, 마음을 얻을 수 없으며, 행을 얻을 수 없으며, 과거를 얻을 수 없으며, 미래를 얻을 수 없으며, 현재를 얻을 수 없으며, 일체 세간을 얻을 수 없으며, 함이 있고 함이 없음을 얻을 수 없음을 안다.

보살이 이와 같이 적정함에 머무르며, 매우 깊음에 머무르며, 적멸에 머무르며, 다툼 없음에 머무르며, 말이 없음에 머무르며, 둘이 없음에 머무르며, 같을 이 없음에 머무르며, 제 성품에 머무르며, 이치와 같음에 머무르며, 해탈에 머무르며, 열반에 머무르며, 실제에 머무른다.

또한 일체 큰 원을 버리지 아니하며, 살바야의 마음을 버리지 아니하며, 보살행을 버리지 아니하며, 중생을 교화함을 버리지 아니한다.

모든 바라밀을 버리지 아니하며,
중생 조복함을 버리지 아니하며, 모
든 부처님을 받들어 섬김을 버리지
아니하며, 모든 법을 연설함을 버리
지 아니하며, 세계를 장엄함을 버리
지 아니한다.

무슨 까닭인가? 보살마하살이 큰
원을 세운 까닭으로 비록 다시 일체
법의 모양을 밝게 통달하였으나, 큰
자비의 마음이 점점 더욱 증장하고
한량없는 공덕을 다 갖추어 닦아 행
하여 모든 중생들을 마음에 버리어

떠나지 않는다.

무슨 까닭인가?

'일체 모든 법이 다 있는 바가 없지만, 범부들은 어리석고 미혹하여 알지 못하고 깨닫지 못하니, 내가 마땅히 그들로 하여금 모두 깨우침을 얻어서 모든 법의 성품을 분명히 비추어 알게 하리라.

왜냐하면 일체 모든 부처님께서 적멸에 편안히 머무르시되, 대비의 마음으로 모든 세간에서 법을 설하여 교화하심에 일찍이 휴식하심이 없는

데, 내가 이제 어찌 대비를 버리겠는
가?

또 내가 먼저 광대한 서원의 마음
을 내고, 일체 중생을 결정코 이익케
하는 마음을 내고, 일체 선근을 쌓
아 모으는 마음을 내고, 교묘한 회향
에 편안히 머무르는 마음을 내고, 매
우 깊은 지혜를 내는 마음을 내고,
일체 중생을 받아들이는 마음을 내
고, 일체 중생에게 평등한 마음을 내
어서, 진실한 말과 헛되이 속이지 않
는 말을 지어 일체 중생에게 위없는

큰 법 주기를 원하고, 일체 모든 부처님의 종성을 끊지 않기를 원하였다.

이제 일체 중생이 아직 해탈을 얻지 못하며, 아직 바른 깨달음을 이루지 못하며, 아직 부처님의 법을 갖추지 못하며, 큰 원이 아직 만족하지 못하였는데, 어찌 대비를 버리어 떠나고자 하겠는가?'

이것이 열째 금강 같은 대승의 서원하는 마음이다.

불자들이여, 이것이 보살마하살이

열 가지 금강 같은 대승의 서원하는 마음을 내는 것이다. 만약 모든 보살들이 이 법에 편안히 머무르면 곧 여래의 금강 성품인 위없는 큰 신통한 지혜를 얻는다.

불자들이여, 보살마하살이 열 가지 크게 일으킴이 있다.

무엇이 열인가?

불자들이여, 보살마하살이 이와 같이 생각하기를 '내가 마땅히 일체 모든 부처님께 공양올리고 공경하리

라.'고 한다. 이것이 첫째 크게 일으
킴이다.

또 이 생각을 하기를 '내가 마땅
히 일체 보살의 있는 바 선근을 자라
게 하리라.'고 한다. 이것이 둘째 크
게 일으킴이다.

또 이 생각을 하기를 '내가 마땅히
일체 여래께서 열반에 드신 뒤에, 불
탑을 장엄하고 일체 꽃과 일체 화만
과 일체 향과 일체 바르는 향과 일체
가루향과 일체 옷과 일체 일산과 일
체 당기와 일체 번기로써 공양올리

며, 저 부처님의 바른 법을 받아 지
니고 수호하리라.'고 한다. 이것이
셋째 크게 일으킴이다.

또 이 생각을 하기를 '내가 마땅히
일체 중생을 교화하고 조복하여 아
뇩다라삼먁삼보리를 얻게 하리라.'
고 한다. 이것이 넷째 크게 일으킴이
다.

또 이 생각을 하기를 '내가 마땅히
모든 불국토의 위없는 장엄으로써
일체 세계를 장엄하리라.'고 한다.
이것이 다섯째 크게 일으킴이다.

또 이 생각을 하기를 '내가 마땅히
대비의 마음을 내어 한 중생을 위하
여 일체 세계에서 낱낱이 각각 미래
제의 겁을 다하도록 보살행을 행하
며, 한 중생을 위함과 같이 일체 중
생을 위해서도 모두 또한 이와 같이
하여 다 부처님의 위없는 보리를 얻
게 하되, 내지 한순간도 피로해하거
나 게으르지 않으리라.'고 한다. 이
것이 여섯째 크게 일으킴이다.

또 이 생각을 하기를 '저 모든 여
래께서 한량없고 가없으시니 내가

마땅히 한 여래의 처소에서 부사의
한 겁을 지내도록 공경히 공양올리
며, 한 여래께와 같이 일체 여래께도
다 또한 이와 같이 하리라.'고 한다.
이것이 일곱째 크게 일으킴이다.

　보살마하살이 또 이 생각을 하기
를 '저 모든 여래께서 멸도하신 뒤에
내가 마땅히 낱낱 여래의 지니신 바
사리를 위해 각각 보배 탑을 세우되,
그 양과 높이와 넓이를 말할 수 없는
모든 세계와 더불어 같게 하며, 부처
님의 형상을 조성함도 또한 다시 이

와 같이 한다.

불가사의한 겁 동안에 일체 보배 당기와 번기와 일산과 향과 꽃과 의복으로 공양올리되 한순간도 싫어하거나 게으른 마음을 내지 않으리라.

부처님 법을 성취하기 위한 까닭이며, 모든 부처님께 공양올리기 위한 까닭이며, 중생을 교화하기 위한 까닭이며, 바른 법을 보호해 지니어 열어 보이고 연설하기 위한 까닭이다.'라고 한다.

이것이 여덟째 크게 일으킴이다.

보살마하살이 또 이 생각을 하기
를 '내가 마땅히 이 선근으로써 위없
는 보리를 이루고 일체 모든 여래의
지위에 들어가서 일체 여래와 더불
어 체성이 평등하리라.'고 한다.

이것이 아홉째 크게 일으킴이다.

보살마하살이 다시 이 생각을 하
기를 '내가 마땅히 바른 깨달음을
이루고는 일체 세계의 말할 수 없는
겁에서 바른 법을 연설하여 불가사
의하게 자재한 신통을 나타내 보이
되 몸과 말과 뜻이 피로함과 게으름

을 내지 않고 바른 법을 여의지 않으리라.

부처님의 힘으로 유지하는 바인 까닭이며, 일체 중생을 위하여 큰 원을 부지런히 행하는 까닭이며, 대자를 으뜸으로 삼는 까닭이며, 대비가 구경인 까닭이며, 모양 없는 법을 통달하는 까닭이며, 진실한 말에 머무르는 까닭이며, 일체 법이 다 적멸함을 증득한 까닭이다.

일체 중생을 모두 얻을 수 없음을 알지만 또한 모든 업이 짓는 것을 어

기지 않는 까닭이며, 삼세 부처님과 더불어 동일한 체성인 까닭이며, 법계와 허공계에 널리 두루한 까닭이며, 모든 법이 모양이 없음을 통달한 까닭이며, 나지도 않고 사라지지도 않음을 성취한 까닭이며, 일체 부처님의 법을 구족한 까닭으로 큰 서원의 힘으로써 중생들을 조복하며 큰 불사를 짓되 쉼이 없으리라.'고 한다.

이것이 열째 크게 일으킴이다.

불자들이여, 이것이 보살마하살의 열 가지 크게 일으킴이다. 만약 보살

들이 이 법에 편안히 머무르면 곧 보
살행을 끊지 않고 여래의 위없는 큰
지혜를 구족한다.

　불자들이여, 보살마하살이 열 가
지 구경의 큰일이 있다.
　무엇이 열인가?
　이른바 일체 여래께 공경하고 공양
올리는 구경의 큰일과, 생각하는 바
중생을 따라서 모두 능히 구호하는
구경의 큰일과, 일체 부처님 법만을
오로지 구하는 구경의 큰일과, 일체

선근을 쌓아 모으는 구경의 큰일이
다.

일체 부처님 법을 사유하는 구경의
큰일과, 일체 서원을 만족하는 구경
의 큰일과, 일체 보살행을 성취하는
구경의 큰일이다.

일체 선지식을 받들어 섬기는 구경
의 큰일과, 일체 세계 모든 여래의 처
소에 나아가는 구경의 큰일과, 일체
모든 부처님의 바른 법을 듣고 지니
는 구경의 큰일이다.

이것이 열이다.

만약 모든 보살들이 이 법에 편안히 머무르면 곧 아뇩다라삼먁삼보리의 큰 지혜인 구경의 일을 얻는다.

불자들이여, 보살마하살이 열 가지 무너지지 않는 믿음이 있다.

무엇이 열인가?

이른바 일체 부처님께 무너지지 않는 믿음과, 일체 부처님 법에 무너지지 않는 믿음과, 일체 성스러운 스님에게 무너지지 않는 믿음이다.

일체 보살에게 무너지지 않는 믿

음과, 일체 선지식에게 무너지지 않
는 믿음과, 일체 중생에게 무너지지
않는 믿음과, 일체 보살의 큰 서원에
무너지지 않는 믿음이다.

일체 보살행에 무너지지 않는 믿음
과, 일체 모든 부처님을 공경하고 공
양올림에 무너지지 않는 믿음과, 보
살의 교묘하고 비밀스런 방편으로
일체 중생을 교화하고 조복함에 무
너지지 않는 믿음이다.

이것이 열이다.

만약 모든 보살들이 이 법에 편안

히 머무르면 곧 모든 부처님의 위없

는 큰 지혜의 무너지지 않는 믿음을

얻는다.

불자들이여, 보살마하살이 열 가

지 수기를 얻음이 있다.

무엇이 열인가?

이른바 안으로 매우 깊은 지해가

있어서 수기를 얻음과, 능히 보살의

모든 선근을 능히 따라 일으켜서 수

기를 얻음과, 광대한 행을 닦아서 수

기를 얻음이다.

눈 앞에서 수기를 얻음과, 눈 앞이 아닌 데서 수기를 얻음과, 스스로의 마음으로 보리를 증득함을 인하여 수기를 얻음과, 인욕을 성취하여 수기를 얻음이다.

중생을 교화하고 조복하여 수기를 얻음과, 일체 겁의 수효에 끝까지 이르러 수기를 얻음과, 일체 보살행에 자재하여 수기를 얻음이다.

이것이 열이다.

만약 모든 보살들이 이 법에 편안히 머무르면 곧 일체 모든 부처님의 처소에서 수기를 얻는다.

불자들이여, 보살마하살이 열 가지 선근 회향이 있다. 보살이 이것을 말미암아 능히 일체 선근으로 모두 다 회향한다.

무엇이 열인가?

이른바 나의 선근으로 선지식의 원과 같게 하여 이와 같이 성취하고 다르게 성취하지 않으며, 나의 선근으로 선지식의 마음과 같게 하여 이와 같이 성취하고 다르게 성취하지 않는다.

나의 선근으로 선지식의 행과 같게 하여 이와 같이 성취하고 다르게 성취하지 않으며, 나의 선근으로 선지식의 선근과 같게 하여 이와 같이 성취하고 다르게 성취하지 않는다.

나의 선근으로 선지식의 평등과 같게 하여 이와 같이 성취하고 다르게 성취하지 않으며, 나의 선근으로 선지식의 생각과 같게 하여 이와 같이 성취하고 다르게 성취하지 않는다.

나의 선근으로 선지식의 청정과 같

게 하여 이와 같이 성취하고 다르게 성취하지 않으며, 나의 선근으로 선지식의 머무르는 바와 같게 하여 이와 같이 성취하고 다르게 성취하지 않는다.

나의 선근으로 선지식의 원만히 성취함과 같게 하여 이와 같이 성취하고 다르게 성취하지 않으며, 나의 선근으로 선지식의 무너지지 않음과 같게 하여 이와 같이 성취하고 다르게 성취하지 않는다.

이것이 열이다.

만약 모든 보살들이 이 법에 편안히 머무르면 곧 위없는 선근으로 회향함을 얻는다.

불자들이여, 보살마하살이 열 가지 지혜를 얻음이 있다.

무엇이 열인가?

이른바 보시에 자재하여 지혜를 얻으며, 일체 부처님의 법을 깊이 이해하여 지혜를 얻으며, 여래의 가없는 지혜에 들어가 지혜를 얻으며, 일체 문답하는 가운데서 능히 의심을 끊어 지혜를 얻는다.

지혜로운 자의 이치에 들어가 지혜를 얻으며, 일체 여래의 일체 부처님 법 가운데 말씀이 교묘하심을 깊이 이해하여 지혜를 얻으며, 모든 부처님의 처소에 조그만 선근을 심어도 반드시 능히 일체 희고 깨끗한 법을 만족하여 여래의 한량없는 지혜 얻음을 깊이 이해하여 지혜를 얻으며, 보살의 부사의한 머무름을 성취하여 지혜를 얻는다.

한 생각 동안에 모두 능히 말할 수

없는 부처님의 세계에 나아가서 지혜를 얻으며, 일체 부처님의 보리를 깨달아 일체 법계에 들어가서 일체 부처님의 설하시는 바 법을 들어 지니고 일체 여래의 갖가지로 장엄한 말씀에 깊이 들어가 지혜를 얻는다.

이것이 열이다.

만약 모든 보살들이 이 법에 편안히 머무르면 곧 일체 모든 부처님의 위없는 현재에 증득하는 지혜를 얻는다.

불자들이여, 보살마하살이 열 가지 한량없고 가없는 광대한 마음을 냄이 있다.

무엇이 열인가?

이른바 일체 모든 부처님 처소에 한량없고 가없는 광대한 마음을 내며, 일체 중생계를 관하여 한량없고 가없는 광대한 마음을 내며, 일체 국토와 일체 세상과 일체 법계를 관하여 한량없고 가없는 광대한 마음을 내며, 일체 법이 다 허공과 같음을 관찰하여 한량없고 가없는 광대한 마음을 낸다.

일체 보살의 광대한 행을 관찰하여 한량없고 가없는 광대한 마음을 내며, 삼세의 일체 모든 부처님을 바르게 생각하여 한량없고 가없는 광대한 마음을 내며, 부사의한 모든 업과 과보를 관하여 한량없고 가없는 광대한 마음을 낸다.

일체 부처님의 세계를 깨끗이 장엄하여 한량없고 가없는 광대한 마음을 내며, 일체 모든 부처님의 큰 회상에 두루 들어가서 한량없고 가없는 광대한 마음을 내며, 일체 여래의 미묘한 음성을 관찰하여 한량없고 가없는 광대한 마음을 낸다.

이것이 열이다.

만약 모든 보살들이 이 마음에 편안히 머무르면 곧 일체 부처님 법의 한량없고 가없는 광대한 지혜바다를 얻는다.

불자들이여, 보살마하살이 열 가지 물힌 갈무리가 있다.

무엇이 열인가?

이른바 일체 법이 공덕의 행을 일으키는 갈무리임을 알며, 일체 법이 바른 사유의 갈무리임을 알며, 일체 법이 다라니로 밝게 비추는 갈무리임을 알며, 일체 법이 변재로 연설하는 갈무리임을 안다.

일체 법이 말할 수 없이 진실하게 잘 깨닫는 갈무리임을 알며, 일체 부처님의 자재한 신통이 관찰하여 나타내 보이는 갈무리임을 알며, 일체 법이 매우 교묘하게 평등함을 내는 갈무리임을 안다.

일체 법이 일체 모든 부처님을 항상 친견하는 갈무리임을 알며, 일체 부사의한 겁이 다 환과 같이 머무름을 잘 아는 갈무리임을 알며, 일체 모든 부처님과 보살들이 환희하고 깨끗한 믿음을 내는 갈무리임을 안다.

이것이 열이다.

만약 모든 보살들이 이 법에 편안히 머무르면 곧 일체 모든 부처님의 위없는 지혜의 법의 갈무리를 얻어 일체 중생을 모두 능히 조복한다.

불자들이여, 보살마하살이 열 가지 계율과 위의가 있다.

무엇이 열인가?

이른바 일체 부처님 법에 비방하지 않는 계율과 위의이며, 일체 부처님 처소에 믿고 좋아하는 마음을 깨뜨릴 수 없는 계율과 위의이며, 일체 보살의 처소에 존중하고 공경함을 일으키는 계율과 위의이며, 일체 선지식의 처소에 끝까지 사랑하고 좋아하는 마음을 버리지 않는 계율과 위의이다.

일체 성문과 독각을 생각하는 마음을 내지 않는 계율과 위의이며, 일체 보살도에서 물러남을 멀리 여의는 계율과 위의이며, 일체 중생을 손해하려는 마음을 일으키지 않는 계율과 위의이다.

일체 선근을 닦아서 다 끝까지 이르게 하는 계율과 위의이며, 일체 마를 모두 능히 항복시키는 계율과 위의이며, 일체 바라밀을 다 만족케 하는 계율과 위의이다.

이것이 열이다.

만약 모든 보살들이 이 법에 편안히 머무르면 곧 위없는 큰 지혜의 계율과 위의를 얻는다.

불자들이여, 보살마하살이 열 가지 자재함이 있다.

무엇이 열인가?

이른바 목숨에 자재하니 말할 수 없는 겁 동안 수명이 머무르는 까닭이며, 마음에 자재하니 지혜로 능히 아승지 모든 삼매에 드는 까닭이며, 살림 도구에 자재하니 능히 한량없는 장엄으로 일체 세계를 장엄하는 까닭이며, 업에 자재하니 때를 따라 과보를 받는 까닭이다.

태어남에 자재하니 일체 세계에 태어남을 나타내 보이는 까닭이며, 앎에 자재하니 일체 세계에 부처님께서 충만하심을 보는 까닭이며, 원에 자재하니 욕망을 따르고 때를 따라서 모든 세계에서 바른 깨달음을 이루는 까닭이다.

신통한 힘에 자재하니 일체 큰 신통 변화를 나타내 보이는 까닭이며,

법에 자재하니 가없는 모든 법문을 나타내 보이는 까닭이며, 지혜에 자재하니 생각생각에 여래의 열 가지 힘과 두려움 없음을 나타내 보여 바른 깨달음을 이루는 까닭이다.

이것이 열이다.

만약 모든 보살들이 이 법에 편안히 머무르면 곧 일체 모든 부처님의 모든 바라밀과 지혜와 위신력과 보리를 원만케 하는 자재를 얻는다."

〈대방광불화엄경 제55권〉

회
향
송

아차보현수승행
무변승복개회향
보원침익제중생
속왕무량광불찰

시방삼세일체불
제존보살마하살
마하반야바라밀

我此普賢殊勝行
無邊勝福皆迴向
普願沈溺諸眾生
速往無量光佛剎

十方三世一切佛
諸尊菩薩摩訶薩
摩訶般若波羅蜜

大方廣佛華嚴經

부록

•

대방광불화엄경 목차

•

간행사

대방광불화엄경
목차

간 행 사

　귀의삼보 하옵고,

　『대방광불화엄경』의 수지 독송과 유통을 발원하면서 수미정사 불전연구원에서『독송본 한문·한글역 대방광불화엄경』과『사경본 한글역 대방광불화엄경』을 편찬하여 간행하게 되었습니다.

　『화엄경』은 우리나라에 전래된 이래 일찍부터 사경되고 주석·강설되어 왔으며 근현대에 이르러서는『화엄경』의 한글 번역과 연구도 부쩍 많이 이루어졌습니다. 그만큼『화엄경』이 우리 불자님들의 신행과 해탈에 큰 의지처가 되었던 것임을 알 수 있습니다.

　『화엄경』을 독송하고 사경하는 공덕은 설법 공덕과 함께 크게 강조되어 왔습니다. 그리하여 수미정사 불전연구원에서도『화엄경』(80권)을 독송하고 사경하는 데 도움이 되도록 한문 원문과 한글역을 함께 수록한 독송본과 한글역의 사경본『화엄경』간행불사를 발원하였습니다. 이『화엄경』간행불사에 뜻을 같이하여 적극 후원해주신 스님들과 재가 불자님들께 깊이 감사드립니다. 또한『화엄경』을 수지 독송할 수 있도록 경책의 모습으로 장엄해 주신 편집위원들과 담앤북스 출판사 관계자들께도 고마움을 표합니다.

　끝으로 이 불사의 원만 회향으로『화엄경』이 널리 유통되고, 온 법계에 부처님의 가피가 충만하시길 기원드립니다.

　나무 대방광불화엄경

불기 2564년 '부처님오신날'을 봉축하며
수미해주 합장

위태천신(동진보살)

수미해주 須彌海住

호거산 운문사에서 성관 스님을 은사로 출가, 석암 대화상을 계사로 사미니계 수계, 월하 전계사를 계사로 비구니계 수계, 계룡산 동학사 전문강원 졸업, 동국대학교 불교대학 및 동 대학원 졸업, 철학박사, 가산지관 대종사에게서 전강, 동국대학교 불교대학 교수, 동학승가대학 학장 및 화엄학림 학림장, 중앙승가대학교 법인이사 역임.
(현) 수미정사 주지, 동국대학교 명예교수.
저·역서로 『의상화엄사상사연구』, 『화엄의 세계』, 『정선 원효』, 『정선 화엄 1』, 『정선 지눌』, 『법계도기총수록』, 『해주스님의 법성게 강설』 등 다수.

사경본 한글역
대방광불화엄경 제55권

| 초판 1쇄 발행_ 2025년 4월 24일

| 엮 은 이_ 수미해주
| 엮 은 곳_ 수미정사 불전연구원
| 편집위원_ 해주 수정 경진 선초 정천 석도 박보람 최원섭
| 편 집 보_ 무이 무진 지욱 혜명

| 펴 낸 이_ 오세룡
| 펴 낸 곳_ 담앤북스
　　　　　서울특별시 종로구 새문안로3길 23 경희궁의 아침 4단지 805호
　　　　　대표전화 02)765-1251　전자우편 dhamenbooks@naver.com
　　　　　출판등록 제300-2011-115호
| ISBN_ 979-11-6201-532-2　04220